www.ingramcontent.com/pod-product-compliance
Lightning Source LLC
Chambersburg PA
CBHW072213170526
45158CB00002BA/576
* 9 7 8 1 0 8 9 9 2 7 9 0 7 *